AF602676

INSTRUCTION EXTRAITE DE LA FONDATION

FAITE PAR MONSIEUR LE DUC ET MADAME LA DUCHESSE DE NEVERS, pour le Mariage de ſoixante pauvres Filles par chacun an, à perpetuité,

ET DES ARRESTS DE REGLEMENS rendus en conſequence.

AVEC DES FORMULES DES ACTES neceſſaires pour leur execution, ſuivant l'Arrêt du Parlement du 26. Juillet 1717.

POUR SERVIR AUX OFFICIERS DES Terres ſujetes à la Fondation & leur en faciliter l'execution.

A PARIS,

Chez LOUIS-DENIS DELATOUR & PIERRE SIMON, Imprimeurs du Parlement & de la Cour des Aydes, ruë de la Harpe, aux trois Rois.

MDCCXXII.

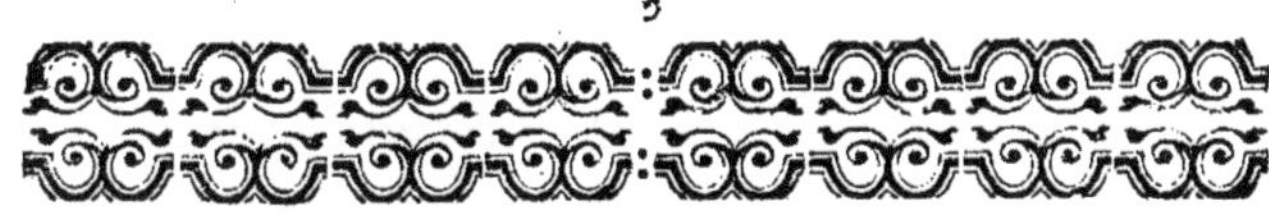

AVERTISSEMENT

LA fondation faite par Monsieur le Duc & Madame la Ducheſſe de Nevers, eſt pieuſe & illuſtre, utile à la Religion, & à l'Eſtat.

L'intention des Fondateurs a été qu'il fut marié tous les ans ſoixante pauvres filles de leurs Terres & de faire païer à chacune cinquante livres de dot.

Pour aſſurer & perpetuer l'execution d'une ſi charitable fondation, ils ont preſcrit pluſieurs conditions & formalitez avec injonction à leurs Officiers de les ſuivre ponctuellement, ſous differentes peines.

Cependant, ſoit par negligence ou faute d'attention de la part des Officiers, ſoit qu'ils aïent trouvé l'execution trop difficile, ſoit par d'autres cauſes, il y a toûjours eu plus ou moins d'abus & de contraventions.

Il eſt vrai que par les ſages déliberations des premiers Magiſtrats du Roïaume, l'autorité des Arrêts de la Cour de Parlement,

& les ſoins de Meſſieurs les Adminiſtrateurs de l'Hôtel-Dieu de Paris, à qui l'execution de cette fondation a été confiée, on a eu la ſatisfaction de voir qu'elle a été mieux executée dans les dernieres années que dans ſon commencement.

Le deſir que l'on a de voir l'entier accompliſſement d'un ouvrage ſi digne de la pieté des Fondateurs, a fait chercher tous les moïens qui ont paru convenables pour le porter au point de perfection où on le ſouhaite depuis ſi long-tems, & pour ôter aux Proprietaires des Terres qui y ſont ſujetes, & à leurs Officiers, tout pretexte d'excuſes & d'ignorance.

Dans cette vûë il fut arrêté aux Aſſemblées tenuës à ce ſujet dans le Convent des grands Auguſtins de Paris, le jour & fête de S. Loüis des années 1715. & 1716. qu'il ſeroit fait un Extrait de tout ce qu'il y a d'eſſentiel dans la Fondation & dans les Arrêts de Reglemens rendus en conſequence, avec des Formules des Actes neceſſaires pour leur execution, dont copies imprimées ſignées du Greffier du Bureau de l'Hôtel-Dieu, ſeroient envoïées aux Greffes de chacune Châtellenie pour y être regiſtrées, duquel enregiſtrement les Greffiers ſeroient tenus d'envoïer une expedition au Greffe du Bureau de l'Hôtel-Dieu, ce qui a été autoriſé par Arrêt de la Cour du 26. Juillet 1717.

C'eſt pour ſatisfaire à cet Arrêt que l'on donne la preſente Inſtruction, dans laquelle on a diſtingué le nombre des filles qui doivent être mariées tous les ans dans chacune Châtellenie ou Chef-lieu, les formalitez que l'on doit obſerver pour la premiere Election des filles le Dimanche de Pâques fleuries dans chacune paroiſſe. Ce qu'il convient faire pour la ſeconde & derniere Election au ſort le Mardi d'aprés Pâques. De quelle maniere on doit proceder le lendemain de la Pentecôte, au mariage des filles qui ont obtenu les bons billets, au païement des aumônes, ou à la conſignation des deniers, au cas que les filles n'aïent trouvé parti pour ſe marier. Le devoir des Officiers & des Procureurs generaux fiſcaux de Nevers, de la principauté de Mantoüe & des terres de Rhethel ou Mazarin, Coulommiers, Picardie, Berry & Leſparre, les ſalaires deſdits Procureurs & les peines impoſées aux Proprietaires des Terres chargées de la fondation & à leurs Officiers & fermiers au cas de contravention.

En marge on a cotté en chiffre Romain les articles de la Fondation, & ceux de l'Instruction en chiffre Arabe.

On a cité aux endroits necessaires les differens Reglemens & les peines ajoûtez par les Arrêts de la Cour.

Et on a mis ensuite de l'Instruction, des Formulaires des procez verbaux, Contrats de mariage, Quittances & autres Actes, pour l'execution de la Fondation.

On espere que ces précautions ne seront pas inutiles, que les Officiers s'appliqueront à l'avenir avec attention à executer exactement tout ce qui est marqué par la presente Instruction, non-seulement parce qu'ils y sont engagez par l'honneur & la conscience, & par le devoir de leurs Charges, mais aussi pour éviter les peines que meriteroient leur negligence, & que les Proprietaires des Terres animez du même esprit & du même zele que les Fondateurs pour le bien public, tiendront la main à ce que leur volonté soit fidellement accomplie.

INSTRUCTION

EXTRAITE DU CONTRAT DE LA Fondation faite par défunts Monſeigneur LUDOVIC DE GONZAGUES *& Madame* HENRIETTE DE CLEVES *ſon Epouſe, Duc & Ducheſſe de Nivernois & de Rethelois, pour le mariage de ſoixante pauvres Filles de leurs Terres par chacun an à perpetuité, paſſé pardevant Cayard & Boreau Notaires au Châtelet de Paris, le 14. Fevrier 1588. & de tous les Arrêts de Reglemens rendus en conſequence juſqu'à ce jour ; ladite Inſtruction ordonné être faite par Arrêt du 26. Juillet 1717.*

Enſemble des Formulaires pour en faciliter l'execution.

Articles de la Fondation. Article V.

1. N CHOISIRA & élira tous les ans une fille en chaque Paroiſſe appartenante aux Fondateurs, ſi petite qu'elle ſoit, & les filles des Villages & Hameaux dont il ne leur appartient que partie, ſeront compriſes dans l'élection de la plus prochaine Paroiſſe qui leur appartient entierement.

2. LES Paroiſſes & Terres alienées ne perdent pour cela leur droit de nommer & preſenter une fille, & Articles VI. VII. VIII.

demeurent toûjours chargées de la Fondation.

Article VIII. 3. IL SERA MARIE' annuellement, suivant la Fondation, dans toutes les Terres appartenantes aux Fondateurs, le nombre DE SOIXANTE FILLES; sçavoir,

Article IX 4. DANS LE DUCHE' DE NIVERNOIS vingt-deux filles, dont,

DEUX filles seront prises en la Ville, Châtellenie & Fauxbourgs de Nevers, composez de onze Paroisses, dont le Chef-lieu est l'Eglise de saint Martin de la ville de Nevers, & dans laquelle Eglise se doit faire la seconde & derniere élection.

DEUX autres filles dans les Paroisses restant de ladite Châtellenie & dans les Amoignes, la Marche & Pougues, dont le Chef-lieu est l'Eglise de saint Victor de la ville de Nevers, & dans laquelle Eglise se doit faire la seconde & derniere élection.

DEUX autres dans les Terres de Cuffy, la Guierche, Châtelneuf-sur-Allier, & Paroisses dépendantes, dont le Chef-lieu est l'Eglise de saint Sauveur de la ville de Nevers, & dans laquelle Eglise se doit faire la seconde & derniere élection.

TROIS autres en la Châtellenie de Desise, Champvert, Cercy-la-Tour, Ganna, Charrin, & Paroisses dépendantes, dont le Chef-lieu est ladite Châtellenie de Desise, & dans l'Eglise de laquelle Châtellenie se doit faire la seconde & derniere élection.

DEUX autres filles dans les Villes & Terres de Luzy, Tresillon, Savigny-poil-fol, & Paroisses dépendantes, dont le Chef-lieu est ladite ville de Luzy, & dans l'Eglise de laquelle Ville se doit faire la seconde & derniere élection.

UNE autre en la Ville & Châtellenie de Moulins-les-Engilberts, & Paroisses dépendantes, dont le Chef-lieu est ladite ville de Moulins-Engilberts, & dans l'Eglise de laquelle Ville se doit faire la seconde & derniere élection.

UNE en la Châtellenie de Liernais & saint Brisson, & Paroisses

Paroisses dépendantes, dont le Chef-lieu est ladite Châtellenie de Lyernais, & dans l'Eglise de laquelle Châtellenie se doit faire la seconde & derniere élection.

UNE en la Châtellenie de Montreullon & Paroisses dépendantes, dont le Chef-lieu est ladite Châtellenie de Montreullon, & dans l'Eglise de laquelle Châtellenie se doit faire la seconde & derniere élection.

UNE en la Ville & Châtellenie de saint Saulge & Paroisses dépendantes, dont le Chef-lieu est ladite ville de saint Saulge, & dans l'Eglise de laquelle Ville se doit faire la seconde & derniere élection.

UNE en la Châtellenie de Montenaison & Lurcy-le-Bourg & Paroisses dépendantes, dont le Chef-lieu est ladite Châtellenie de Montenaison, & dans l'Eglise de laquelle Châtellenie se doit faire la seconde & derniere élection.

UNE dans les Châtellenies de Champallement & Saxy-Bourdon & Paroisses dépendantes, dont le Chef-lieu est ladite Châtellenie de Champallement, & dans l'Eglise de laquelle Châtellenie se doit faire la seconde & derniere élection.

TROIS autres filles dans les Châtellenies de Metz, Mouceaux-le-Comte, Neuf-fontaine & Paroisses dépendantes, dont le Chef-lieu est ladite Châtellenie de Mouceaux-le-Comte, & dans l'Eglise de laquelle Châtellenie se doit faire la seconde & derniere élection.

UNE en la Ville & Châtellenie de Clamecy & Paroisses dépendantes, dont le Chef-lieu est ladite ville de Clamecy, & dans l'Eglise de laquelle Ville se doit faire la seconde & derniere élection.

ET UNE en la Ville & Châtellenie de Châtelcensoy, y compris Surgy & Paroisses dépendantes, dont le Chef-lieu est ladite ville de Châtelcensoy, & dans l'Eglise de laquelle Ville se doit faire la seconde & derniere élection.

5. AU PAÏS DE DONZIOIS membre dépendant & réüni au Duché de Nevers, seront mariées huit filles, SÇAVOIR. Article IX.

DEUX en la Ville & Châtellenie de Donzi, compris Pogny, le-Châtel de Cosne, Saint-Pere & Mienne & Paroisses dépendantes, dont le Chef-lieu est la ville de Donzi, & dans l'Eglise de laquelle Ville se doit faire la seconde & derniere élection.

UNE en la Châtellenie de Châteauneuf au Val-de-Bargis & Paroisses dépendantes, dont le Chef-lieu est ladite Châtellenie de Châteauneuf & dans l'Eglise de laquelle Châtellenie se doit faire la seconde & derniere élection.

UNE en la Ville & Châtellenie d'Entrain & Paroisses dépendantes, dont le Chef-lieu est ladite ville d'Entrain, & dans l'Eglise de laquelle Ville se doit faire la seconde & derniere élection.

UNE dans les Villes & Châtellenies de Billy & Corvol & Paroisses dépendantes, dont le Chef-lieu est ladite ville de Billy, & dans l'Eglise de laquelle Ville se doit faire la seconde & derniere élection.

UNE en la Ville & Châtellenie de Drüe & Estais & Paroisses dépendantes, dont le Chef-lieu est la ville de Drüe, & dans l'Eglise de laquelle Ville se doit faire la seconde & derniere élection.

UNE en la Ville & Châtellenie de saint Sauveur & Paroisses dépendantes si aucunes y a, dont le Chef-lieu est la ville de Saint Sauveur, & dans l'Eglise de laquelle Ville se doit faire la seconde & derniere élection.

ET UNE en la Ville & Baronie de Saint Verain, Cosne & Bohy, compris Alligny & Paroisses dépendantes, dont le Chef-lieu est ladite ville de Saint Verain, & dans l'Eglise de laquelle Ville se doit faire la seconde & derniere élection.

Article X.

6. DANS LES TERRES ASSISES AU PAÏS DE BERRY seront mariées quatre filles, SÇAVOIR,

UNE en la Ville & Châtellenie de la Chapelle d'Angillon & Paroisses dépendantes, dont le Chef-lieu est ladite ville de la Chapelle d'Angillon & dans l'Eglise de laquelle Ville se doit faire la seconde & derniere élection.

UNE en la Souveraineté de Bois-belles & Paroisses

dépendantes, dont le Chef-lieu est ladite Souveraineté de Bois-belles, & dans l'Eglise de laquelle Souveraineté se doit faire la seconde & derniere élection.

UNE en la Châtellenie des Aix & Paroisses dépendantes, dont le Chef-lieu est ladite Châtellenie des Aix, & dans l'Eglise de laquelle Châtellenie se doit faire la seconde & derniere élection.

ET UNE en la Ville & Châtellenie de Châteaumeillan & Paroisses dépendantes, dont le Chef-lieu est ladite ville de Châteaumeillan, & dans l'Eglise de laquelle Ville se doit faire la seconde & derniere élection.

7. EN LA SIRIE D'ORVAL ASSISE AU PAÏS DE BOURBONNOIS, compris la ville de Saint Amand & la Châtellenie d'Epineul & Bruyere sur-Cher, & Paroisses dépendantes, seront mariées deux filles, dont le Chef-lieu est la ville de Saint Amand, & dans l'Eglise de laquelle Ville se doit faire la seconde & derniere élection. Article XI.

8. AU PAÏS ET DUCHE' DE RETHELOIS, quinze filles, SÇAVOIR, Article XII.

TROIS en la Ville & Prevôté de Rethel & du Châtelet & Paroisses dépendantes, dont le Chef-lieu est la ville de Rethel, & dans l'Eglise de laquelle Ville se doit faire la seconde & derniere élection.

QUATRE en la Ville & Prevôté de Mezieres compris Vuarc & la Terre d'Arches & Paroisses dépendantes, dont le Chef-lieu est la ville de Mezieres, & dans l'Eglise de laquelle Ville se doit faire la seconde & derniere élection.

DEUX en la Prevôté de Donchery & Paroisses dépendantes, dont le Chef-lieu est ladite Prevôté de Donchery, & dans l'Eglise de laquelle Prevôté se doit faire la seconde & derniere élection.

DEUX en la Prevôté d'Omont & Paroisses dépendantes, dont le Chef-lieu est ladite Prevôté d'Omont, & dans l'Eglise de laquelle Prevôté se doit faire la seconde & derniere élection

Deux en la Prevôté de Bourq & Paroiſſes dépendantes, dont le Chef-lieu eſt ladite Prevôté de Bourq, & dans l'Egliſe de laquelle Prevôté ſe doit faire la ſeconde & derniere élection.

Une en la Prevôté de Brieulles & Paroiſſes dépendantes, dont le Chef-lieu eſt ladite Prevôté de Brieulles & dans l'Egliſe de laquelle Prevôté ſe doit faire la ſeconde & derniere élection.

Et une en la Ville & Baronnie de Rozoy & Paroiſſe dépendantes, dont le Chef-lieu eſt ladite ville de Rozoy, & dans l'Egliſe de laquelle Ville ſe doit faire la ſeconde & derniere élection.

Article XIII. 9. En la Principauté' de Mantoüe assise au Païs de Thimerais.

Deux filles dont une ſera élûë & mariée en la Châtellenie de Senonches & Paroiſſes dépendantes ſi aucunes y a, dont le Chef-lieu eſt ladite Châtellenie de Senonches, & dans l'Egliſe de laquelle Châtellenie ſe doit faire la ſeconde & derniere élection.

Et l'autre en la Châtellenie de Brezolles & Paroiſſes dépendantes ſi aucunes y a, dont le Chef-lieu eſt ladite Châtellenie de Brezolles, & dans l'Egliſe de laquelle Châtellenie ſe doit faire la ſeconde & derniere élection.

Article XIV. 10. En la Ville et Chatellenie de Coulommiers-en Brie, compris Saint Remy & autres Paroiſſes de cette Châtellenie, une fille dont le Chef-lieu eſt ladite ville de Coulommiers, & dans l'Egliſe de laquelle Ville ſe doit faire la ſeconde & derniere élection.

Article XV. 11. Dans les Terres situe'es en Picardie, quatre filles; Sçavoir,

Deux en la Châtellenie de Saint Vallery, compris Cambron & Beaumetz & Paroiſſes dépendantes, dont le Chef-lieu eſt ladite Châtellenie de Saint Vallery, & dans l'Egliſe de laquelle Châtellenie ſe doit faire la seconde & derniere élection.

UNE au Païs de Roc & Cayeu, compris Boulencourt en Sery & Paroisses dépendantes si aucunes y a, dont le Chef-lieu est ledit Cayeu, & dans l'Eglise duquel lieu se doit faire la seconde & derniere élection.

ET UNE en la Châtellenie d'Ault & Paroisses dépendantes si aucunes y a, dont le Chef-lieu est ladite Châtellenie d'Ault, & dans l'Eglise de laquelle Châtellenie se doit faire la seconde & derniere élection.

12. ET EN LA SIRIE DE LESPARRE ET PAÏS DE MEDOC & Paroisses dépendantes, deux filles, dont le Chef-lieu est la Sirie de Lesparre, & dans l'Eglise de laquelle se doit faire la seconde & derniere élection. Article XVI.

13. LE CURE' ou Vicaire du Chef-lieu dira à son Prône du Dimanche avant Pâques-fleuries que les Juge, Procureur Fiscal & Greffier soient avertis d'assister en personnes au Chef-lieu, pour voir proceder aux élections des filles ledit jour de Pâques-fleuries & Mardi d'après Pâques. Art. XVIII.

IL Y A TROIS JOURS DIFFERENS POUR EXECUTER LA FONDATION.

LE DIMANCHE de Pâques-fleuries on procede aux élections des filles dans chaque Paroisse.

LE MARDI d'après Pâques on tire le sort dans tous les Chefs-lieux entre toutes les filles élûës le Dimanche de Pâques fleuries, tant aux Chefs-lieux, que dans les Paroisses qui en ressortissent.

ET le lendemain de la Pentecôte se fait le païement de la dot, si les filles sont mariées, sinon on la consigne jusqu'à ce qu'elles aïent trouvé parti pour se marier.

PREMIERE ELECTION qui se fait le Dimanche de Pâques fleuries.

14. LES CUREZ OU VICAIRES de toutes les Paroisses qui ont droit d'élire, avertiront à leur Prône du Dimanche de Pâques fleuries, les Juges, Pro- Article XX. XXI.

cureurs Fiſcaux & Greffiers, de s'aſſembler avec les principaux Habitans & autres Paroiſſiens au nombre de neuf ou ſept au moins à l'iſſuë de la grande Meſſe (a) du Dimanche de Pâques Fleuries pour l'élection d'une pauvre fille ſuivant la Fondation & feront mention de cet avertiſſement ſur les regiſtres de l'Egliſe. (b)

(a) Reſultat de l'Aſſemblée tenuë en l'année 1660. & Formulaires faits en conſequence autoriſez par l'Arrêt du 7. Septembre 1661. & ceux depuis rendus.

(b) Les Arrêts de 1651. & 1701. enjoignent aux Curez & Vicaires de faire faire les élections de filles & d'executer la Fondation en ce qui les concernent, à peine de 20. liv. au profit de l'Hôtel-Dieu de Paris.

Art. XVIII. 15. DANS les Paroiſſes particulieres où il n'y aura point d'Officiers établis, les Officiers des Chefs-lieux pourvoiront de Subſtituts pour être preſens aux élections qui ſe feront dans les Paroiſſes de leur reſſort. (c)

(c) Arrêts de 1688. 1698. & 1720.

Article XIX. 16. LES Curez ou Vicaires & les Officiers ou leurs Subſtituts n'auront aucune voix deliberative aux élections, mais ſeront tenus d'y aſſiſter, tant pour ce qui regarde leur miniſtere, que pour veiller à ce que la Fondation ſoit fidellement accomplie, ſans pouvoir prétendre pour cela aucun ſalaire, à peine par les Officiers d'être privez de leurs Offices en cas de connivence. (d)

(d) Les Proprietaires des Chefs-lieux & leurs Officiers ſont tenus de faire proceder exactement aux élections, non ſeulement dans les Chefs-lieux, mais auſſi dans chacune Paroiſſe reſſortiſſante de chaque Chef-lieu, & d'en dreſſer par leſdits Officiers des procez verbaux en bonne forme, à peine de trois livres pour chaque défaut d'élection, applicables à l'Hôtel-Dieu, & au ſurplus d'executer ponctuellement par leſdits Officiers tout ce qui eſt ordonné par la Fondation & les Arrêts, ſous les peines y portées, de plus grande en cas de reſcidive, & même d'interdiction, ſuivant les Arrêts de 1651. 1695. 1697. 1698. 1713. & 1720.

17. SI la fille élûë l'année précedente a eu un bon Billet, ou que ſans l'avoir obtenu elle ſoit mariée ou décedée, ou bien ſi elle a declaré ne vouloir joüir de ſon droit, ou qu'elle s'en ſoit renduë indigne, dans tous ces cas il faut proceder à l'élection d'une autre

fille dans la forme qui va être expliquée.

18. LA GRANDE MESSE celebrée, les plus anciens & notables Paroissiens qui se trouveront en l'Assemblée au nombre de neuf ou au moins sept, choisiront dans l'Eglise à la pluralité des voix, en presence du Curé ou son Vicaire & des Juge, Procureur Fiscal & Greffier de la Paroisse ou de leurs Substituts, trois hommes & trois femmes de ladite Paroisse qu'ils estimeront les plus charitables pour élire ladite pauvre fille, sans que lesdits neuf ou sept anciens & notables Paroissiens puissent se choisir eux-mêmes ni leurs femmes, fils ou filles pour électeurs ou électrices. Article XX.

19. A L'INSTANT sera dressé par le Greffier un procez verbal de cette nomination suivant le Formulaire ci-aprés, page 3. dans lequel seront écrits les noms, surnoms & qualitez desdits trois hommes & desdites trois femmes & de leurs maris, lequel procez verbal sera signé par le Curé ou son Vicaire, par les trois Officiers & par les élisans s'ils sçavent signer, sinon sera fait mention de la cause pour laquelle ils n'auront signé. (a) Article XX.

(a) Resultat & Formulaires faits en 1660. & Arrêts qui les ont autorisez.

20. DUQUEL CHOIX sera donné avis par l'un des habitans ausdits trois hommes & trois femmes afin qu'ils puissent se trouver le même jour en ladite Eglise pour proceder incontinent après les Vêpres à l'élection de la fille, & leur sera delivré une copie signée par le Greffier du procez verbal de leur nomination. Article XX.

21. AU CAS que quelques-uns des trois hommes & trois femmes ne se trouvent pas dans l'Eglise après les Vêpres, les Habitans presens en nommeront d'autres en la place des absens. Article XX.

22. DES trois hommes & trois femmes choisis en une année, on n'en pourra prendre l'année suivante que deux hommes & deux femmes au plus, à peine de nullité de l'élection. Art. XXIII.

Art. XXIV. XXVI. IMMEDIATEMENT après les Vêpres, lesdits trois hommes & trois femmes se presenteront dans l'Eglise devant le Curé ou son Vicaire, qui les exhortera de proceder sincerement en leur conscience à ladite élection, & leur fera prêter le serment sur les saints Evangiles en la forme qui suit.

Art. XXV. 24. *NOUS jurons & promettons à Dieu sur nôtre part de Paradis, & sur nôtre honneur & conscience, de choisir sans passion, prédilection ni interêt particulier, la fille de cette Paroisse que nous estimerons la plus pauvre & necessiteuse, & sans aucuns moïens, âgée pour le moins de seize ans & au-dessus, sujette des Fondateurs, née en loïal mariage, & dont nous connoissons les pere & mere, baptisée en cette Paroisse, sage & de bonnes mœurs, de la Religion Catholique, Apostolique & Romaine, & qui n'est & n'a esté à nôtre service ni à celui des principaux Officiers, du Curé ou Vicaire de cette Paroisse, depuis un an, & dont nous ne sommes peres, freres ni oncles, & de la qualité requise, & selon l'intention des Fondateurs.*

Art. XXVI. 25. LE SERMENT prêté, le Greffier lira à haute voix, distinctement & intelligiblement les articles 18. 20. 23. 25. 28. 29. 33. & 34. de la Fondation. (*a*)

(*a*) Arrêt de 1695.

Art. XXVIII. XXIX. XXXI 26. CELA FAIT, lesdits trois hommes & trois femmes éliront seuls en la Nef de l'Eglise, du consentement de quatre au moins d'entr'eux, une fille de la qualité ci-dessus, préferant l'orpheline aux autres, & la nommeront au Curé ou son Vicaire, Juge, Procureur

cureur Fiſcal & Greffier, & principaux Habitans preſens. (*a*)

(*a*) Arrêts de 1713. & Juillet 1717. portant défenſes d'élire plus d'une fille en chaque Paroiſſe, à moins que ce ne ſoit un Chef-lieu où il n'y ait aucune Paroiſſe reſſortiſſante, auquel cas ſeulement on élit deux filles, ſuivant l'article 37. de la Fondation & le 30. de la preſente Inſtruction.

27. Si leſdits trois hommes & trois femmes n'étoient d'accord & éliſoient deux filles, les Paroiſſiens qui ſe trouveront preſens choiſiront la plus digne des deux. Art. XXVIII.

28. De laquelle election ſera dreſſé par le Greffier un procez verbal ſuivant le Formulaire, ci-après page 4. lequel fera mention des noms, ſurnoms & qualitez requis à la fille par l'article 25. de la Fondation & le 24. de la preſente Inſtruction, & des noms, ſurnoms & vacation de ſes pere & mere (*b*) & ſera ſigné par le Curé ou ſon Vicaire, & les trois Officiers, & par les Electeurs & Electrices, s'ils ſçavent ſigner, ſinon ſera fait mention de la cauſe pour laquelle ils n'auront ſigné; copie duquel procez verbal ſignée du Greffier ſera delivrée à la fille, pour la repreſenter le mardi d'après Pâques, afin de tirer au ſort ou celui qu'elle envoïera pour elle (*c*) Art. XXVIII. XXIX. XXXVI.

(*b*) Arrêt de 1655. & 1667. Reſultat & Formulaires faits en 1660. & Arrêts qui les ont autoriſez.

(*c*) Les Arrêts de 1675. 1688. & 1695. condamnent les trois Officiers en vingt ſols pour chaque faute & omiſſion qui ſe trouveront dans les procez verbaux du Dimanche des Rameaux.

29. La fille élûë l'année precedente qui n'aura pas obtenu le bon Billet, ſera mandée, & ſi elle declare qu'elle deſire joüir de ſon droit, les principaux habitans & autres Paroiſſiens, étant aſſemblez après la grande Meſſe au nombre de neuf ou ſept au moins, la confirmeront dans ſon élection en preſence du Curé ou ſon Vicaire & des trois Officiers, pourvû qu'elle ſoit toûjours de la qualité requiſe, dont ſera dreſſé procez verbal par le Greffier en conformité du Formulaire ci-après, page 1. dans lequel ſeront exprimez les noms, & Art. XXXII. XXXIII. XXXIV. XXXV. XXXVI.

ſurnoms de la fille & de ſes pere & mere, la qualité du pere, & pour combien de fois elle aura été confirmée dans ſon élection (*a*) & ſera ledit procez verbal pareillement ſigné du Curé ou ſon Vicaire, des trois Officiers & des habitans preſens & copie ſignée du Greffier delivrée à la fille, pour la repreſenter le Mardi d'aprés Pâques, afin de tirer au ſort ou celui qu'elle envoïera pour elle.

(*a*) Reſultat & Formulaires faits en 1660. & Arrêts de 1655. 1661. & 1667.

Article XXXVII. 30. DANS les Chefs-lieux où il n'y a aucune Paroiſſe reſſortiſſante, on élira deux filles, (*b*) deſorte que celle qui n'a pas obtenu le bon Billet l'année precedente doit être confirmée dans ſon élection, & qu'au lieu de celle qui l'a obtenu on en élit une autre dans la forme ci-deſſus preſcrite & ſuivant le Formulaire ci-après, page 8.

(*b*) C'eſt le ſeul cas où on élit deux filles dans une même Paroiſſe.

31. S'il arrivoit que celle des deux filles qui n'a pas obtenu le bon Billet fut décedée ou mariée, ou renduë indigne, ou qu'elle eut declaré ne vouloir joüir de ſon droit, au lieu de la confirmer dans ſon élection, il en faut élire une autre avec celle qui prendra la place de la fille qui a obtenu le bon Billet l'année précedente, ſuivant le Formulaire ci-aprés, page 13. (*c*)

(*c*) Formulaires de 1660. & Arrêts rendus en conſequence.

32. S'IL ſe commet quelque abus en éliſant une Art. XXII. fille indigne ou autrement, la Paroiſſe où il ſera commis ſera privée du droit d'élire pendant deux ans & le Curé des cinq ou huit ſols à luy attribuez, s'il y a de ſa faute.

33. AU CAS que dans quelques Paroiſſes il ne ſe trouve pas des filles de la qualité requiſe par la Fondation, il en ſera dreſſé par le Greffier un procez

verbal suivant le Formulaire ci-aprés, page 18. en presence du Curé ou son Vicaire, du Juge & Procureur Fiscal ou de leurs Substituts, & de neuf ou sept Paroissiens au moins, lequel procez verbal sera certifié & signé par le Curé ou son Vicaire & par les trois Officiers, & de plus sera certifié & signé par quatre des principaux Habitans de ladite Paroisse ou des lieux voisins, s'il n'y en a pas un si grand nombre en ladite Paroisse qui sçachent signer, à peine de trois livres applicables à l'Hôtel-Dieu de Paris contre les Officiers de chaque Paroisse qui auront negligé d'observer cette formalité. (*a*)

(*a*) Arrêt de 1701.

SECONDE ELECTION, au sort qui se tire le Mardi d'après Pâques.

34. LE MARDI D'APRE'S PASQUES la fille élûë au Chef-lieu & celles élûës dans les Paroisses particulieres, se trouveront ou personne de leur part dans l'Eglise du Chef-lieu d'où lesdites Paroisses ressortissent. Article XXXVIII.

35. APRE'S qu'elles auront entendu la Messe, les procez verbaux de leurs élections seront examinez par les Juge, Procureur Fiscal & Greffier (*b*) en presence du Curé ou son Vicaire, & étant trouvez bons & valables, ils feront ranger les filles ou leurs envoïez dans l'endroit le plus spacieux de l'Eglise, selon l'ordre des Paroisses designées dans le livre de la Fondation, sans le pouvoir changer, sous peine d'être lesdits Officiers estimez indignes de tenir aucun état, & les parens & amis desdites filles seront placez derriere elles pour prendre garde qu'il ne soit commis aucun abus à leur préjudice. Art. XXXIX. XL.

(*b*) Les Officiers sont tenus d'être presens à l'Election, au sort le Mardi d'après Pâques, & en sont responsables, Arrêts de 1663. & 1688.

36. SI on avoit élû une fille qui ne fut pas de la qua-

lité requiſe, ou que dans le procez verbal de ſon élection on n'eut pas obſervé les formalitez preſcrites par la Fondation & par le Formulaire, elle ſera renvoïée ſans être admiſe au ſort. *(a)*

(*a*) Formulaires de 1660. & Arrêts rendus en conſequence.

Art. XLII. 37. ENSUITE ſera fait lecture par le Curé ou ſon Vicaire à haute voix & diſtinctement de l'art. 38. juſques & compris le 53. de la Fondation.

Art. XLIV. 38. PUIS le Greffier fera en preſence de toute l'aſſemblée autant de billets que les filles qui ſeront preſentes auront été élûës & confirmées de fois dans leurs élections le Dimanche de Pâques fleuries pour tirer au ſort. *(b)*

(*b*) Réſultat de l'aſſemblée tenuë en 1660. & Formulaires faits en conſequence autoriſez par l'Arrêt du 7. Septembre 1661. & ceux depuis rendus.

Art. XLIV. 39. ON écrira ces mots (DIEU VOUS A ELUE) ſur autant de billets qu'il y aura d'aumônes deſtinées pour le Chef-lieu, & ſur tous les autres (DIEU VOUS CONSOLE)

Art. XLIV. XLV. 40. TOUS les billets ſeront d'une même grandeur, roulez & enfermez avec une bague de fer, comptez ſoigneuſement & mis dans un pot couvert de linge, lequel ſera ſecoüé pour les mieux mêler.

Art. XLV. 41. CE POT ſera preſenté à un enfant âgé au-deſſous de dix ans qui ne ſera proche parent des filles, lequel aïant le bras nud & les doigts ouverts, tirera les billets l'un après l'autre pour les diſtribuer aux filles, en commençant à celle du Chef-lieu qui ſera la premiere en rang, enſuite à la ſeconde & ainſi des autres. *(c)*

(*c*) 8. Mars & 20. Decembre 1713. & 26. Juillet 1717. Arrêts qui enjoignent aux Officiers de faire tirer tous les Billets au ſort par un ſeul Scrutin entre toutes les filles qui comparoîtront au Chef-lieu avec les qualitez requiſes & des procez verbaux en bonne forme, à peine de nullité & de privation des diſtributions.

42. AUSQUELLES filles il donnera autant de billets qu'elles auront été élûës & confirmées de fois dans leurs élections le Dimanche de Pâques fleuries

pour tirer au ſort, c'eſt-à-dire que celle qui aura été élûë pour la premiere fois, n'aura qu'un billet, celle qui aura été élûë & confirmée dans ſon élection pour la ſeconde fois en aura deux, celle qui aura été élûë & confirmée dans ſon élection pour la troiſiéme fois en aura trois, celle qui aura été élûë & confirmée dans ſon élection pour la quatriéme fois en aura quatre, & ainſi des autres qui auront été élûës & confirmées plus ou moins de fois dans leurs élections le Dimanche de Pâques fleuries. (*a*)

(*a*) Reſultat de l'aſſemblée de l'année 1660. & Formulaires faits en conſequence autoriſez par l'Arrêt du 7. Septembre 1661. & ceux depuis rendus.

43. A MESURE que l'enfant tirera un billet, la fille à qui il le donnera, le lira, ou fera lire par ſes parents ou amis & en même-tems par le Greffier. Art. XLV.

44. SI les bons billets échoient aux premieres filles on ne laiſſera pas de continuer cet ordre & de tirer juſqu'au dernier billet. Art. XLVI.

45. ARRIVANT que pluſieurs bons billets tombent à une même fille, on remettra les ſurnumeraires dans le pot & on en tirera d'autres écrits (DIEU VOUS CONSOLE) parce qu'une fille ne doit avoir qu'un bon billet. Art. XLVII.

46. AU CAS qu'il n'y ait pas plus de filles preſentes que de bons billets à diſtribuer, ils ſeront donnez auſdites filles preſentes ſans les tirer au ſort.

47. ET s'il y avoit moins de filles preſentes que de bons billets, ceux qui reſteront, ſerviront l'année ſuivante à augmenter le nombre des mariages.

48. TOUT le ſort tiré, le Curé ou ſon Vicaire, le Juge, Procureur Fiſcal & Greffier donneront à chacune des filles qui auront eu un bon billet, un Certificat ſigné d'eux, & écrit par le Greffier, portant que le ſort eſt tombé à une telle, fille de tel & telle, de la qualité requiſe par la fondation & d'une telle Paroiſſe, ainſi qu'il ſera exprimé au Formulaire, ci-après, page 33. lequel Certificat lui ſervira pour ſe faire païer des 50 livres deſtinées par la Fondation pour le mariage de chaque fille, Art. XLVIII.

à quoi les Officiers tiendront exactement la main, sur peine de s'en prendre à eux.

Articles XLIX. L. 49. AU MESME INSTANT le Procureur Fiscal retirera de ces filles les procez verbaux de leurs élections du Dimanche de Pâques fleuries, & leurs parens seront avertis de leur trouver parti pour se marier dans le jour de la Pentecôte, s'il est possible.

Art. LXVIII. 50. SERA dressé par le Greffier en presence du Curé ou son Vicaire, des Juge & Procureur Fiscal & des principaux habitans du Chef-lieu qui se trouveront dans l'Eglise, un procez verbal de tout ce qui aura esté fait le Mardi d'après Pâques, suivant le Formulaire, ci-après, page 22. lequel procez verbal sera mention des noms, surnoms, & âges de toutes les filles presentes, des noms de leurs Paroisses, des noms, surnoms & qualitez de leurs peres & meres, combien d'année de suite elles auront tiré, & du nombre de billets qu'on leur aura donné, & sera signé par le Curé ou son Vicaire & par les trois Officiers. *(a)*

(a) Formulaires faits en 1660. & Arrêts rendus en consequence

Arrêt de 1688.

Arrêts de 1675. 1688. & 1695. peine de vingt sols contre les Officiers pour chaque défaut & omission qui se trouveront dans les procez verbaux du Mardi d'après Pâques.

Art. LI. 51. LES filles qui n'auront point eu de bons billets reviendront au Chef-lieu l'année suivante & les subsequentes avec les procez verbaux de confirmation de leurs élections du Dimanche de Pâques fleuries, pour tirer au sort en la forme ci-dessus avec les filles élûës depuis dans les Paroisses dont les filles auront eu de bons billets.

Art. LII. 52. OUTRE les 50 livres de dot, ceux qui auront épousé les filles, seront preferez à d'autres pour exercer les Offices de Notaires, Sergens, Geoliers, Concierges, Gardes-bois, Messagers & autres semblables Offices, s'ils en sont capables.

Art. LIII. 53. LES Curez ou Vicaires de chaque Paroisse qui joüit de la Fondation feront dire tous les Dimanches un

Pater & un *Ave* pour les Fondateurs & leurs successeurs.

54. En reconnoissance de cette peine & du soin qu'ils prendront pour l'execution de la Fondation, leur sera païé par le Fermier ou Receveur le Lundi de la *Quasimodo* ; sçavoir, huit sols au Curé du Chef-lieu, & cinq sols aux Curez des Paroisses ressortissantes. Art. LIV.

55. Si l'on manque dans quelque Chef-lieu de faire chaque année l'élection du Mardi d'après Pâques, alors les filles élûës le Dimanche de Pâques fleuries dans les Paroisses de ce Chef-lieu se retireront ou leurs envoïez au plus prochain Chef-lieu, pour y tirer le sort en la forme ci-dessus, après que celui ordinaire dudit plus prochain Chef-lieu aura esté tiré. Art. XVII.

56. S'il se commet quelque abus ou malversation en l'élection du Mardi d'après Pâques en favorisant une fille indigne de l'aumône ou autrement, le Chef-lieu où il aura esté commis sera privé pour deux ans de ladite élection, laquelle en ce cas sera transferée en la Paroisse du plus prochain Chef-lieu, ou après que les Officiers auront tiré le sort ordinaire, ils en feront tirer séparement un autre pour les filles des Paroisses dépendantes du Chef-lieu qui aura commis l'abus, non compris la Paroisse du Chef-lieu même où l'abus auroit esté commis, & les huit sols destinez pour le Curé de ce dernier Chef-lieu seront donnez au Curé de celui où se fera la deuxiéme élection, à moins que l'autre Curé ne justifia n'y avoir participé. Art. XXII.

57. Les filles qui ne seront mariées dans le Lundi de la Pentecôte ne perdent pour cela le droit qui leur est acquis par la seconde élection, mais l'aumône leur est conservée jusqu'à ce qu'elles aïent trouvé un parti convenable, pourvû qu'elles vivent toûjours catholiquement & en filles de bien. Art. LVIII.

58. Si la fille qui a obtenu un bon billet décede sans être mariée, son aumône est transferée à celle de ses sœurs plus prête à marier & de la qualité portée par la Fondation. Art. LIX.

59. Il y a trois cas où les aumônes retournent au profit de la Fondation.

Art. LX. LE PREMIER, quand la fille décede ſans laiſſer de ſœurs capables d'y ſucceder.

LE SECOND, quand elle s'en eſt renduë indigne par ſa mauvaiſe conduite.

LE TROISIE'ME, quand elle s'eſt mariée ſans attendre que le ſort du bon billet lui ſoit échû, ou qu'elle a declaré n'en vouloir profiter.

60. EN l'un ou l'autre de ces cas, on tirera au ſort le Mardi d'après Pâques de l'année ſuivante un bon billet de plus, s'il y a une fille dans le cas ci-deſſus, ou pluſieurs, s'il y en a pluſieurs, afin qu'il ſoit marié une ou pluſieurs filles de plus en ladite année, & conſequemment on mettra de moins autant de billets ſous le titre, DIEU VOUS CONSOLE, qu'il y aura de bons billets ſurnumeraires.

61. C'EST pourquoi les aumônes ne doivent être delivrées aux filles qu'après leur mariage.

Art. LV. 62. MAIS auſſitôt qu'elles auront trouvé parti, elles ſe preſenteront avec leurs futurs époux & quelques parens ou amis au lieu principal & pardevant les trois Officiers du Chef-lieu, pour être leur Contrat de mariage redigé par écrit par le Greffier, en preſence du Juge & du Procureur Fiſcal, ſuivant le Formulaire ci-après, page 50. par lequel Contrat elles ſeront exhortées de prier Dieu pour les Fondateurs & pour les en faire ſouvenir, leur ſera donné une bague d'argent de valeur de cinq ſols qui ſervira à la benediction nuptiale. (*a*)

(*a*) Arrêts de 1675. 1688. & 1695. peine de vingt ſols pour chaque défaut & omiſſion qui ſe trouveront dans les Contrats de mariage.

Articles. LVI. LVII. 63. ELLES ſeront auſſi averties de ne faire aucuns frais de nôces, à peine de privation de leurs aumônes qui ſeront reſervées pour marier d'autres filles dans la forme preſcrite par la preſente Inſtruction.

64. LE mariage ſera celebré dans la Paroiſſe de la fille.

LENDEMAIN

LENDEMAIN DE LA PENTECOSTE.

65. LE LUNDI DE LA PENTECOSTE les filles qui auront obtenu les bons billets se presenteront à huit heures du matin au Chef-lieu pardevant le Curé ou son Vicaire & les Juge, Procureur Fiscal & Greffier dudit Chef-lieu, ou le Fermier ou Receveur sera tenu de se trouver pour representer les deniers des aumônes dont la Châtellenie est chargée, soit que les filles soient mariées ou non mariées, presentes ou non presentes, à peine de dix sols par jour de retard pendant la premiere année, si tant ils sont en demeure & de vingt sols par mois pendant les subsequentes, jusqu'à ce que les aumônes se trouvent valablement païées ou consignées, ladite peine applicable au profit des pauvres de l'Hôtel-Dieu de Paris. (a) Articles LV. LXII. LXIII.

(a) Arrêts de 1656. 1661. 1662. 1675. 1688. & 1695.

66. LES FILLES qui seront mariées viendront avec leurs maris & recevront du Fermier ou Receveur la somme de cinquante livres chacune pour leur dot, qu'il sera tenu de leur païer comptant sous la peine portée en l'article precedent, à la deduction neanmoins de cinq sols pour la bague & de cinq sols pour le Greffier, dont ils donneront quittance au pied du Contrat de mariage, laquelle sera redigée par le Greffier suivant le Formulaire ci-après, page 53. & signée par la fille & son mari s'ils sçavent signer, & par le Curé ou son Vicaire & les trois Officiers, dont sera délivré deux copies signées du Curé ou son Vicaire & des trois Officiers, l'une au Fermier pour sa décharge, l'autre au Procureur Fiscal. (b) Art. LVIII.

(b) Arrêts de 1675. 1688. & 1695. peine de vingt sols pour chaque défaut & omission qui se trouveront dans les quittances des aumônes.

67. LE CONTRAT de mariage & la quittance de la dot seront lûs le même jour devant la porte de Articles LVI. LVII.

l'Eglise du Chef-lieu en presence du Curé ou son Vicaire, de la fille & de son mari.

Art. LXIII. 68. LES FILLES qui n'auront trouvé parti pour se marier viendront avec leurs peres & meres ou leurs tuteurs ou trois ou quatre de leurs proches parens ou amis pour faire consigner leurs dots de cinquante livres chacune entre les mains d'un notable Bourgeois ou Marchand qu'elles nommeront par leur avis au Curé ou son Vicaire & aux trois Officiers, & le feront comparoître devant eux pour s'en charger par corps, soit par forme de dépôt, ou pour leur en païer l'interêt, si mieux ils n'aiment qu'elles restent entre les mains du Fermier ou Receveur, à la même condition.

69. IL EST tres expressément défendu aux Officiers de recevoir pour dépositaires ou consignataires des aumônes, les peres & meres, freres & oncles des filles, Prêtres, Curez & autres Ecclesiastiques, Gentilshommes & Officiers de Justice, encore qu'elles y consentent. (*a*)

(*a*) Arrêts de 1667. & 1695.

Art. LXIII. 70. SI le dépositaire, soit marchand ou fermier, ne veut se charger de l'aumône que par forme de dépôt & sans interêts, il sera tenu de la païer à la fille trois jours aprés son mariage. (*b*)

(*b*) Resultat & Formulaires de l'année 1660. & Arrêts de Reglemens rendus en consequence.

Art. LXIV. 71. S'IL convient d'en païer les interêts, il aura terme de six mois ou autre plus court pour rendre ladite somme.

Art. LXIV. 72. FAUTE de satisfaire dans le tems convenu, le dépositaire ou consignataire sera contraint par corps au païement de l'aumône & des interêts, s'ils ont esté stipulez, & outre sera tenu par les mêmes voïes de païer pour le retard dix sols par jour pendant la premiere année & vingt sols par mois pendant les subsequentes, applicables au profit des pauvres de l'Hôtel-Dieu comme il est porté en l'article 65. de la presente Instruction (a) en païant laquelle peine les interêts cesseront.

(a) Arrêts de 1675. 1688. & 1695.

73. Ne pourront les dépositaires se dessaisir des aumônes qu'en la presence des Juge, Procureur Fiscal & Greffier de la Châtellenie à peine de païer le double. (b)

(b) Arrêts de 1688.

74. Duquel depôt ou consignation sera dressé procez verbal en presence du Curé ou son Vicaire & des trois Officiers conforme au Formulaire, ci-après, page 35. par lequel les dépositaires ou consignataires, soit Fermiers ou autres, s'obligeront par corps à la restitution des aumônes dans les tems convenus & se soûmettront aux peines ci-dessus exprimées, & sera fait mention de leurs noms, surnoms, qualitez & demeures & de leurs cautions & certificateurs; ensemble des interêts s'ils ont esté stipulez, à peine de dix livres contre les Juge, Procureur Fiscal & Greffier (c) lequel procez verbal sera signé par le Curé ou son Vicaire & par les trois Officiers & encore par la fille, ses pere & mere ou tuteurs, parens ou amis & par les dépositaires, cautions & certificateurs, s'ils sçavent signer, sinon sera fait mention de la cause pour laquelle ils n'auront signé, une expedition duquel procez verbal signée du Curé ou de son Vicaire, & des Juge, Procureur Fiscal & Greffier, sera delivrée à la fille pour se faire païer de son aumône quand elle sera mariée. (d) Art. LXVIII.

(c) Arrêt de 1688.
(d) Arrêts de 1675. 1688. & 1695. peine de vingt sols pour chaque défaut & omission qui se trouveront dans le procez verbal du lendemain de la Pentecôte.

75. Si la fille ne se presentoit pas le lendemain de la Pentecôte, les Officiers seront tenus de l'avertir de se trouver au Chef-lieu le plus prochain jour de fête que faire se pourra, où le Fermier sera tenu de se trouver pour païer l'aumône à la fille, si elle est mariée, ou être

consignée de son consentement, sous la même peine de dix sols par jour de retard pendant la premiere année & de 20. sols par mois pendant les suivantes, applicables comme dessus. (a)

(a) Arrêt de 1688.

76. TOUTES les aumônes qui n'auront point esté consignées, soit par le défaut de comparution des fermiers & des filles ou autrement, seront remises en fin de chaque année par les proprietaires des terres chargées de la Fondation à la recette de l'Hôtel-Dieu par forme de depôt & sans interêts, pour être renduës, sans frais, aux filles à qui elles appartiendront lorsqu'elles seront mariées, en rapportant expedition de leurs contrats & actes de celebration de leur mariage avec les quittances dans la forme prescrite par la Fondation & par la presente Instruction. (b)

(b) Arrêt de 1701.

Art. LVIII. 77. LORS que la fille dont l'aumône aura esté consignée aura trouvé parti, elle se presentera au Chef-lieu avec son futur époux & quelques parens pardevant les trois Officiers, pour être son contrat de mariage redigé suivant les art. 62. & 63. de la presente Instruction.

Art. LVIII. 78. ET quand elle sera mariée elle se transportera avec son mari un jour de fête au Chef-lieu où le dépositaire sera tenu de se trouver pour lui païer l'aumône dont il aura esté chargé, à la déduction de cinq sols pour la bague & de cinq sols pour le Greffier, sous la peine de dix sols par chaque jour de retard pendant la premiere année, & de vingt sols par mois pendant les subsequentes, le tout ainsi qu'il est porté aux articles 66. 67. & 72. de la presente Instruction, duquel païement sera dressé quittance, suivant le Formulaire ci-après, page 51.

79. APRE'S trois ans les aumônes quoique consignées, mais non distribuées, seront remises au Receveur de l'Hôtel-Dieu de Paris qui s'en chargera par forme de dépôt sans interêts, jusqu'à ce que les filles

à qui elles appartiendront ſoient mariées, à quoi faire les proprietaires des terres chargées de la Fondation, leurs fermiers & les dépoſitaires ſeront contraints. *(a)*

(*a*) Arrêts de 1695. & de Juillet 1717.

DEVOIRS DES OFFICIERS.

80. LE GREFFIER de chacun Chef-lieu tiendra un regiſtre ſeparé de tous les procez verbaux, certificats, contrats de mariage & quittances, & en ſortant de charge il ſera tenu par corps de le delivrer à ſon ſucceſſeur. Art. LXVIII.

81. DESQUELS procez verbaux, contrats de mariage & quittances il fournira copies collationnées en bonne forme ſignées du Curé ou Vicaire, & des Juge, Procureur Fiſcal & Greffier de chaque Paroiſſe (*b*) dans le quinze Juin de chacune année au Procureur Fiſcal du Chef-lieu, à peine de trois écus applicables, moitié audit Procureur, l'autre moitié à la Fabrique de l'Egliſe où la fille aura eſté mariée. *Idem.*

(*b*) Reſultat de l'Aſſemblée tenuë en 1721.

82. LES copies des contrats de mariage & quittances ſeront écrites ſur des feüilles particulieres & ſéparées de celles des procez verbaux.

83. POUR toutes leſquelles écritures & vacations le Greffier ne pourra prétendre que cinq ſols ſur chaque aumône, à peine de concuſſion & de reſtitution du quadruple. *Idem.*

84. LE PROCUREUR FISCAL envoïera tous les ans dans la veille de ſaint Jean 23. Juin au plus tard au Procureur General Fiſcal de la Seigneurie, les copies deſdits procez verbaux, contrats de mariage & quittances ſignées comme dit eſt des Curez, Juges, Procureurs Fiſcaux & Greffiers, à peine de privation des deux derniers quartiers de ſes gages qui appartiendront audit Procureur General Fiſcal pour l'indemniſer des frais qu'il aura faits pour contraindre ledit Procureur Fiſcal. *(c)* Art. LXIX. LXX.

(*c*) Arrêts de 1655. & 1663.

Art. LXXIII. 85. Le Procureur General Fiscal du Domaine de Nevers fera un extrait des procez verbaux, contrats de mariage & quittances qu'il aura reçûs des Procureurs Fiscaux des Chefs-lieux de sa dépendance, contenant seulement les noms des filles & de leurs peres & meres ou maris, le païement des aumônes ou le dépôt avec les noms des dépositaires, & que les élections ont esté bien faites, ou qu'il y a trouvé quelques fautes qu'il cottera & en fera son rapport en la Chambre des Comptes de Nevers le lendemain de saint Jean-Baptiste. *(a)*

(a) Arrêt de 1665.

Art. LXXIV. LXXV. 86. Auquel jour les gens des Comptes, Avocat & Procureurs Generaux Fiscaux du Duché, après avoir lû en leur Chambre les art. 60. jusques & compris le 76. de la Fondation, examineront si tous les Procureurs Fiscaux auront envoïé tous les procez verbaux, contrats de mariage & quittances, & si la Fondation aura esté bien executée & en feront memoire par ledit extrait qui sera signé des Officiers presens & en sera fait deux copies signées des mêmes Officiers, dont une sera envoïée par le Procureur du Domaine avec tous les procez verbaux, contrats de mariage, & quittances signez, comme dit est, des Curez, Juges, Procureurs Fiscaux & Greffiers, à Messieurs les Administrateurs de l'Hôtel-Dieu de Paris dans le vingt-deux Juillet de chacune année au plus tard, *(b)* de la delivrance desquels il retirera un Certificat de leur Greffier, & mettra la minutte dudit extrait en la laïette à ce destinée en la Chambre des Comptes de Nevers.

(b) Arrêts de 1651. 1655. 1698. & 1713.

Art. LXXIX. LXXX. LXXXI. LXXXII. LXXXIII. LXXXIV. 87. Pareils examens & extraits avec les Officiers des lieux seront faits en même ordre, maniere & jours dans le Duché de Rethel, principauté de Mantoüe, Coulommiers, terres de Picardie & Lesparre, & envoïez par les Procureurs Generaux Fiscaux desdits lieux avec les procez verbaux, contrats de mariage & quittances ſignées comme dit eſt des Juges, Procureurs Fiſcaux & Greffiers dans les mêmes tems & aux mêmes perſonnes. (*a*)

(*a*) Arrêts de 1651. 1655. 1663. 1697. 1698. & 20. Decembre 1715.

88. LES PROCUREURS Fiſcaux des terres qui ne dépendent d'aucun Procureur General Fiſcal seront tenus d'envoïer directement dans ledit jour 22. Juillet au plus tard les procez verbaux, contrats de mariage & quittances ſignées comme dit eſt, avec un memoire des défauts, ſi aucuns y a. (*b*)

(*b*) Reſultat de 1660. art. 29. & Arrêts rendus en conſequence.

89. SI LES FILLES n'ont point eſté mariées dans le vingt-cinq Août, on ne laiſſera pas d'envoïer les procez verbaux du Dimanche des Rameaux, Mardi d'après Pâques & lendemain de la Pentecôte dans le tems limité par la Fondation, mais les contrats de mariage & quittances ne ſeront envoïez que dans le 22. Juillet, qui ſuivra la celebration du mariage. (*c*)

(*c*) Arrêt de 1663.

90. LES PROPRIETAIRES, Officiers & Receveurs des terres chargées de la Fondation ſont ſolidairement reſponſables de ſon execution & tenus de l'envoi des procez verbaux, contrats de mariage & quittances dans le tems fixé par la Fondation. (*d*)

(*d*) Arrêt de 1667.

91. LES PROPRIETAIRES des terres aliennées ſont tenus de garder inviolablement la Fondation & de faire envoïer les procez verbaux, contrats de mariage & quittances au Bureau de l'Hôtel-Dieu dans le 22. Juillet de chacune année, à peine de tous dépens, dommages & interêts & de ſoixante livres pour chaque défaut applicables audit Hôtel-Dieu. (*e*) Article LXXXVII.

(*e*) Arrêt de 1655.

92. TERRES échangées, venduës, ou autrement alliennées sont chargées des aumônes & peines pour lesquelles elles pourront être saisies réellement & venduës par decret sur les proprietaires, dont les autres immeubles seront aussi saisis réellement & leurs meubles executez faute de rapporter par eux, leurs Officiers, ou fermiers les procez verbaux de l'execution de la Fondation, contrats de mariage & quittances. *(a)*

(a) Arrêt de 1656.

93. PEINE de cinq sols par chaque jour de retard depuis le 31. Juillet jusqu'au 25. Août contre chacun des Juges, Procureurs Fiscaux & Greffiers des Châtellenies, de l'envoi des procez verbaux du Dimanche de Pâques fleuries, Mardi d'après Pâques & lendemain de la Pentecôte dans le 22. Juillet de chacune année, & passé ledit jour 25. Août, peine de trois livres contre chacun desdits trois Officiers. *(b)*

(b) Arrêts de 1675. & 1688.

94. PEINE de trois livres contre les proprietaires des Châtellenies pour le défaut de l'envoi dans le même tems de chaque procez verbal d'élection du Dimanche des Rameaux. *(c)*

(c) Arrêt de 1695.

95. PEINE de 10 livres contre chacun des Juges, Procureurs Fiscaux & Greffiers des Châtellenies pour chacun défaut d'envoïer à l'Hôtel-Dieu dans le 22. Juillet les contrats de mariage & quittances des aumônes des filles mariées. *(d)*

(d) Arrêt de 1688.

96. PROPRIETAIRES, Procureurs Fiscaux & Fermiers sont solidairement tenus des aumônes & des peines & lesdits proprietaires garands de leurs Officiers & de tous les défauts des précedens proprietaires. *(e)*

(e) Arrêts de 1656. 1659. 1667. & 1675.

97.

97. OUTRE les peines pour les manquemens aux formalitez de la Fondation, une Châtellenie aïant manqué au mariage actuel du nombre des filles dont elle est chargée, faire les élections & païer ou consigner les aumônes ; le proprietaire de ladite Châtellenie, soit qu'elle ait esté alienée ou non, païera pour la premiere fois le double desdites aumônes pour marier des filles extraordinairement l'année suivante dans la forme prescrite par la Fondation & la presente Instruction, & soixante livres à l'Hôtel-Dieu dans le jour de saint Loüis de ladite année. Article LXXXVIII.

98. SI en l'année suivante ou seconde année on manquoit dans la même Châtellenie à marier le nombre des filles ordinaires & extraordinaires de l'année precedente, & l'ordinaire de la courante, & d'envoïer à l'Hôtel-Dieu tous les procez verbaux, contrats de mariage & quittances, & d'avoir païé à l'Hôtel-Dieu les 60 livres ci-dessus dans la saint Loüis précedente, le proprietaire païera encore le double de toutes les aumônes ordinaires & extraordinaires de l'année précedente & de la courante, & 120 livres à l'Hôtel-Dieu. Article. LXXXIX.

99. SI en la troisiéme année on continuë les mêmes défauts en ladite Châtellenie, soit de marier le nombre des filles ordinaires & extraordinaires de la premiere & seconde année, & l'ordinaire de la troisiéme & d'en avoir envoïé les procez verbaux à l'Hôtel-Dieu avec les contrats de mariage & quittances, soit d'avoir païé à l'Hôtel-Dieu, 120 livres, le proprietaire païera le double des aumônes ordinaires & extraordinaires de trois années, & 240 livres à l'Hôtel-Dieu. Article LXXXIX.

100. ET ladite Châtellenie continuant ainsi d'année en année consecutivement les mêmes défauts, le proprietaire païera toutes lesdites années le double des aumônes & de la peine dûë à l'Hôtel-Dieu. Article LXXXIX.

101. DE PLUS, si le proprietaire de la Châtellenie ainsi défaillante d'année en année faisoit de son vivant défaut par trois fois d'accomplir les mariages en la forme portée par la Fondation, la moitié du revenu de ladite Châtellenie appartiendra à l'Hôtel-Dieu pour en joüir Art. XC.

tant qu'on differera d'executer la Fondation.

Art. XCI. 102. Si les proprietaires des Châtellenies contrevenoient à la Fondation en la mettant au néant, en empêchant l'execution, emploïant les deniers à autre Fondation ou ailleurs, en y innovant, changeant & y commettant quelques abus, les Fondateurs ont donné pour chaque contravention annuelle 12000 livres à l'Hôtel-Dieu, aux Convents des quatre Mandiants & aux Minimes de Nigeon par égale portion, païables par les proprietaires des Châtellenies où ces abus & fautes auront esté commis.

Article CV. CIX. 103. Le Fermier de la Châtellenie de Coulommiers païera par chacun an le premier Juillet au Receveur de l'Hôtel-Dieu, la somme de 450 livres, tant pour le païement des arrerages de la rente donnée par les Fondateurs à l'Hôtel-Dieu, que pour ce qui doit être donné aux quatre Convens Mandiants & Minimes de Nigeon, bourses, bougies & autres frais mentionnez dans la Fondation, & faute par les fermiers d'y satisfaire ledit jour, ils païeront trois livres pour chaque jour de retard applicables à l'Hôtel-Dieu.

104. Les Fermiers des Châtellenies de Senonches & Bressolles païeront pareillement au Receveur de l'Hôtel-Dieu par chaque année le premier Juillet, la somme de 207 livres pour supplement des frais necessaires pour executer la Fondation, sous la même peine de trois livres par chacun jour de retard. *(a)*

(*a*) Arrêts de 1651. 1654. & 1661.

105. Les Arrests qui seront rendus pour l'execution de la Fondation seront enregistrez aux Greffes des Justices de chacune Châtellenie, & les Officiers tenus d'envoïer copies des enregistremens signées d'eux dans un mois du jour qu'ils les auront reçûs. (*b*)

(*b*) Arrêt de 1720.

Fin de l'Instruction.

www.ingramcontent.com/pod-product-compliance
Ingram Content Group UK Ltd.
Pitfield, Milton Keynes, MK11 3LW, UK
UKHW022008260726
13994UKWH00004B/1979

9 782329 315812